물 아저씨 과학 그림책 2
공기 아줌마는 바빠
2015년 12월 30일 1판1쇄 발행 | 2025년 3월 15일 1판22쇄 발행

글·그림 | 아고스티노 트라이니   옮김 | U&J
펴낸이 | 나성훈   펴낸곳 | (주)예림당
등록 | 제2013-000041호   주소 | 서울시 성동구 아차산로 153
구매 문의 전화 | 561-9007   팩스 | 562-9007
책 내용 문의 전화 | 3404-9228
http://www.yearim.kr

책임 개발 | 전윤경 / 서인하   디자인 | 이정애   콘텐츠 제휴 | 문하영
제작 | 신상덕 / 박경식   마케팅 | 임상호 전훈승

ISBN 978-89-302-6859-2 74400
ISBN 978-89-302-6857-8 74400(세트)

이 책의 한국어판 저작권은 (주)예림당과 Atlantyca S.p.A.사와의 독점 계약으로 (주)예림당에 있습니다.
저작권법에 의해 한국 내에서 보호를 받는 저작물이므로 무단 전재와 복제를 금합니다.

All names, characters and related indicia contained in this book, copyright of Edizioni Piemme S.p.A.,
are exclusively licensed to Atlantyca S.p.A. in their original version. Their translated and/or adapted
versions are property of Atlantyca S.p.A. All rights reserved.
Text and illustrations by Agostino Traini

©2012 Edizioni Piemme S.p.A., Palazzo Mondadori – Via Mondadori, 1 – 20090 Segrate
©2015 for this book in Korean language – YeaRimDang Publishing Co., Ltd.
International Rights   Atlantyca S.p.A. - foreignrights@atlantyca.it - www.atlantyca.com
Original Title: CHE FINE HA FATTO LA SIGNORA ARIA
Translation by: 공기 아줌마는 바빠

No part of this book may be stored, reproduced or transmitted in any form or by any means, electronic
or mechanical, including photocopying, recording, or by any information storage and retrieval system,
without written permission from the copyright holder. For information address Atlantyca S.p.A.

물 아저씨 과학 그림책 2

공기 아줌마는 바빠

글·그림 아고스티노 트라이니

아고와 피노는 아주 친한 친구예요.
피노는 부리가 노랗고, 아고는 머리가 주황색이지요.
어느 화창한 날, 두 친구는 산에 올라갔어요.

그런데 갑자기 어떤 목소리가 들려왔어요.
"안녕? 반가워! 나도 여기 있어."

"아무것도 안 보이는데요? 누구세요?"
아고는 허공에 손을 휘휘 내저었어요.

"눈에 보이지 않아도 존재하는 것이 있어.
난 하늘을 가득 채우고, 모든 것들을 둘러싸고 있다고.
좋아, 내가 누군지 보여 줄게!"

갑자기 공기 아줌마가 입김을 세차게 불었어요.
아고는 바람에 떠밀려 연못에 풍덩 빠졌지요.
공기 아줌마의 입김에 물결이 크게 일렁였어요.
아고는 소리를 지르며 물속에서 허우적댔어요.

공기 아줌마가 이윽고 바람을 멈추었어요.
"이제 알겠니? 눈에 보이지 않아도, 나는 분명히 있어!"
공기 아줌마가 장난기 어린 목소리로 말했어요.
아고는 허둥지둥 연못가로 나왔어요.

"내 친구들을 소개할게.
나는 여러 가지 성분들로 이루어져 있거든."
아고와 피노가 인사를 했어요.

공기 아줌마는 아고와 피노에게 구름으로
멋진 의자를 만들어 주었어요. 이제 여행을 떠날 거예요.

"해 아저씨, 저를 따뜻하게 데워 주세요."
공기 아줌마의 부탁에 해 아저씨는 햇볕을 쨍쨍 내리쬐어
주었어요. 그러자 구름 의자가 둥실둥실 위로 떠올랐어요.
"우아, 엘리베이터를 탄 것 같아!"

"따뜻한 공기는 차가운 공기보다 더 가벼워.
그래서 위로 떠오르는 거야."
열기구를 타고 가던 폴고레 할아버지가 친절하게 설명해 주었어요.
아고가 고개를 끄덕였어요.

공기 아줌마는 올라가는 것을 멈추고,
이번에는 옆으로 쌩 움직였어요.

휙~ 바람이 일자 나뭇잎과 신문, 먼지들이
여기저기 마구 날렸어요. 창문도 덜컹거렸지요.
"사람들은 내가 온 방향에 따라 각각 다른 이름을 붙여.
지금 난 북쪽에서 불어왔으니까 내 이름은 북풍이야."

바다로 온 공기 아줌마는 돛단배를 힘차게 밀어 주었어요.
돛이 펄럭이는 소리가 근사했어요.
"빨리요! 조금 더 빨리 가요!"

"물 아저씨를 커지게 해 볼까?"
휘이잉! 공기 아줌마가 아주 빠르게 지나가자,
물 아저씨가 출렁이며 큰 파도가 되었어요.

마을에 이르러서야 공기 아줌마가 속도를 늦추었어요.
"어디, 지안나의 빨래를 좀 말려 줄까?"
빨래가 바람에 너울너울 춤을 췄어요.

"참, 꽃가루도 옮겨 줘야지."
공기 아줌마가 들판 위를 날자, 꽃가루가 화르르 날아올랐어요.
그때 멀리서 아름다운 노랫소리가 들려왔어요.
"소리를 전하는 것도 내가 하는 중요한 일이야."

도시로 들어와 큰 공장 위를 지나는데
굴뚝에서 검은 연기가 뭉실뭉실 올라왔어요.
"정말 싫어. 여기를 지나면 항상 더러워진다니까!"

다행히 공장 너머로 푸른 숲이 넓게 펼쳐져 있었어요.
"숲이 있어서 정말 다행이야! 나무들이 숨을 쉴 때 나오는 깨끗한 산소가 나를 가득 채워 주거든."

"나는 새와 곤충 친구들이 날 수 있게 해 줘.
내가 없으면 누구도 날지 못해!"

"풍차나 풍력 발전기의 날개를 돌려 주는 것도 바로 나야."
낡은 풍차가 밀을 빻으면서 쉭쉭 소리를 냈어요.

공기 아줌마, 늘 고마워요.

빵집이 보이자 공기 아줌마가 빙그르 돌아 맛있는 빵 냄새를 잔뜩 실어 왔어요. 아고와 피노의 배에서 꼬르륵 소리가 났어요.

공기 아줌마는 아고와 피노를 조심스레 땅에 내려 주었어요.
"오늘 정말 재미있었어요. 또 만나요!"
아고와 피노가 정답게 손을 흔들었어요.
"난 항상 너희 곁에 있어. 우리는 친구잖아."

공기 아줌마와 함께하는 신나는 과학 실험

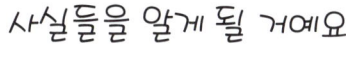

차근차근 따라 해 보세요!
그동안 알지 못했던 재미있고 흥미진진한
사실들을 알게 될 거예요.

풍선 로켓, 발사!

준비물

 작은 풍선

 실

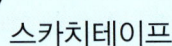 스카치테이프

 빨대 1개

 가위

 친구 1명

난이도

1 친구에게 풍선을 불어서 풍선 끝을 잡고 있으라고 해요.

2 기다란 빨대를 반으로 잘라요. 그런 다음 빨대 안으로 실을 집어넣어요. 스카치테이프로 빨대를 풍선에 붙여요.

✳ 주의 : 풍선에서 공기가 새어 나가지 않도록 꽉 잡고 있어야 해요.

3 실의 한쪽 끝을 잡은 채, 풍선을 들고 있는 친구에게서 멀리 떨어져요. 그리고 실을 팽팽하게 당겨요.
자, 이제 준비됐나요?
그렇다면 친구한테 풍선을 놓으라고 해요.
로켓처럼 풍선이 쏭 쏘아져 나갈 거예요!

장난감 자동차 위에 풍선을 붙이면 빨리 달리게 할 수 있어!

풍선을 불면 풍선 안에 공기가 가득 차요. 이때 풍선을 놓으면 공기가 밖으로 빠져나가면서 풍선이 발사되지요.
공기는 많은 쪽에서 적은 쪽으로 움직이는데, 이런 공기의 흐름이 바람이에요.

뱅글뱅글 소용돌이

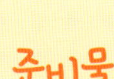

준비물

 종이 1장

 연필 1자루

 가위

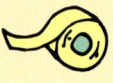 스카치테이프

 난로

난이도

1 종이에 연필로 소용돌이 모양을 그려요.
그런 다음 선을 따라 종이를 잘라요.
잘 안 되면 어른에게 부탁해 보세요.
다 잘라 내면 스프링처럼 될 거예요.

2

이제 따뜻한 난로에 스카치테이프로 연필을 세워서 붙여요.

3 연필에 소용돌이 모양 종이를 끼워요. 종이 끝을 연필심으로 살짝 뚫어요.

어? 돈다!

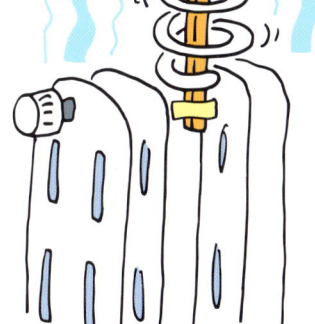

4 이제, 가만히 지켜보세요. 어떻게 되나요?

공기는 우리 눈에는 안 보이지만 난로 위에서 따뜻하게 데워져요. 따뜻한 공기는 위로 올라가는데, 이런 공기의 힘 때문에 소용돌이 모양 종이가 뱅글뱅글 돌아요.

아고스티노 트라이니는 누구일까요?

저는 1961년에 태어났어요.
어렸을 때는 몰랐어요.

커서 그림책을 만드는 사람이
될 줄 말이에요.

한 권의 책을 만들려면 먼저
좋은 생각이 떠올라야 해요.

보통은 재미있는 등장인물들이
머릿속에 떠올라요.

엉뚱한 상황들도요.

하지만 가끔은 아무 생각도
나지 않을 때가 있어요!

생각이 떠오르면 그림을 그리기 시작해요. 먼저 연필로 그린 다음, 검은색 잉크로 다시 그려요.

그런 다음, 모든 장면을 색칠해요. 붓과 물감을 쓰기도 하고

컴퓨터로 작업할 때도 있어요. 이 책은 컴퓨터로 만들었어요.

이 모든 작업이 끝나면 인쇄해서 책이 완성됩니다. 정말 행복한 순간이지요!

Agostino Traini

아래의 주소로 저에게 이메일을 보낼 수 있어요.
agostinotraini@gmail.com

물 아저씨 과학 그림책

과학 공부의 시작은 물 아저씨와 함께! 세상 곳곳의
신기한 과학 현상을 배우며 지적 호기심을 가득 채워 보세요!

글·그림 아고스티노 트라이니 | 175×240mm | 32~48쪽

    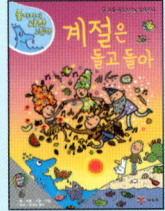 

 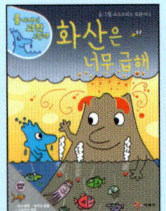    

    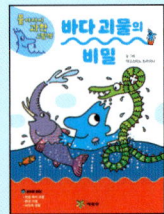 

1 물 아저씨는 변신쟁이
2 공기 아줌마는 바빠
3 해 아저씨는 밤이 궁금해
4 키다리 나무 아저씨의 비밀
5 계절은 돌고 돌아
6 물 아저씨와 감각 놀이
7 알록달록 색깔이 좋아
8 화산은 너무 급해
9 물 아저씨는 힘이 세
10 농장은 시끌벅적해
11 바람 타고 세계 여행
12 불 아저씨는 늘 배고파
13 폭풍은 이제 그만
14 물 아저씨와 몸속 탐험
15 옛날에 공룡이 살았어
16 파도가 철썩 지구가 들썩
17 바다 괴물의 비밀